Wolfgang Kolnsberg

Aktion Offene Kirchen: Kunstschätze erzählen die Frohe Botschaft

Wolfgang Kolnsberg

Aktion Offene Kirchen: Kunstschätze erzählen die Frohe Botschaft

Das Evangelium vor Augen im Altarbild der Ev. Pfarrkirche zu Bad Sassendorf

Fromm Verlag

Impressum/Imprint (nur für Deutschland/ only for Germany)
Bibliografische Information der Deutschen Nationalbibliothek: Die Deutsche Nationalbibliothek verzeichnet diese Publikation in der Deutschen Nationalbibliografie; detaillierte bibliografische Daten sind im Internet über http://dnb.d-nb.de abrufbar.

Contact:
International Book Market Service Ltd., 17 Rue Meldrum, Beau Bassin, 1713-01 Mauritius
Website: www.bookmarketservice.com
Email: info@bookmarketservice.com

Gedruckt in: USA, UK, Deutschland. Dieses Buch wurde nicht in Mauritius produziert.

Imprint (only for USA, GB)
Bibliographic information published by the Deutsche Nationalbibliothek: The Deutsche Nationalbibliothek lists this publication in the Deutsche Nationalbibliografie; detailed bibliographic data are available in the Internet at http://dnb.d-nb.de.

Contact:
International Book Market Service Ltd., 17 Rue Meldrum, Beau Bassin, 1713-01 Mauritius
Website: www.bookmarketservice.com
Email: info@bookmarketservice.com

Printed in: U.S.A., U.K., Germany. This book was not produced in Mauritius.

ISBN: 978-3-8416-0312-8

Inhalt

Dieses kleine Büchlein über
das Altarbild in der Bad Sassendorfer Kirche
zum Jubiläum „700 Jahre eigenständiges Kirchliches Leben
in der Kirchengemeinde Bad Sassendorf“
möchte ich Freunden und Weggefährten widmen:

Manfred Selle und *Hans-Joachim Hustadt*,
die uns nunmehr vor zehn Jahren im Jahr 2002
in die Ewigkeit vorausgegangen sind.

Pfr. Werner Krunke, meinem Vorgänger,
der von 1959 bis 1974 in Bad Sassendorf Pfarrer war,
bis zu seinem Tod 2006 hier im Ruhestand lebte und
am 7.5.2012 sein 100. Lebensjahr vollenden würde.

Marlies Krampe und *Günther Rocholl*,
die sich als Sassendorfer „Urgesteine“,
aus Familien stammend, die immer schon im
Dienst für Kirche und Gemeinde engagiert waren,
viele Jahrzehnte vorbildlich eingesetzt haben.

Bad Sassendorf, am 18.4.2012

Wolfgang Kolnsberg,Pfr.em.

Vorwort „Lebendige Steine“

Unsere historischen Kirchen sind Denkmäler – Schätze aus alter Zeit. Sie erzählen vom Glauben unserer Mütter und Väter. Sie sind Zeugnisse der Frohen Botschaft über Raum und Zeit hinweg. Die Gebäude und die Kunstschätze, die sie beherbergen, können auch Menschen in heutiger Zeit zum Nachdenken und zur Einkehr bringen: Lebendige Steine, die eine Brücke über Zeit und Raum schlagen, Bestand haben und die Frohe Botschaft weitertragen.

Ich möchte dies mit einer Predigt verdeutlichen, die ich am 21.8.2011 in der Alt-St.-Thomä-Kirche (Schiefer Turm) in Soest gehalten habe:

Was hat Bestand in dieser Welt? Vielleicht ein Stein? Ein Stein wie dieser in meiner Hand? Niemand weiß, wie alt er ist. Vor Jahren lag er auf der Insel Fehmarn: glatt und handlich, hell und sauber, irgendwie zum Mitnehmen.

Wie alt mag er sein? Was hat er alles erlebt? Was gab ihm seine handliche Form? Wind und Wellen, Wasserströme, Sandstürme, Steinschläge? Wer weiß?

Aber nun ist er da, steinalt und steinhart, sprichwörtlich ein Zeuge und Zeichen für Beständigkeit und Dauerhaftigkeit.

Was hat Bestand in dieser Welt? - Herrschaften kommen und gehen, Mächte wachsen und zerfallen, Reiche entstehen und vergehen. Ein Kommen und Gehen. Es gehört inzwischen fast zu den Tagesnachrichten.

Erst recht beim Blick in die Geschichte: Aufstieg und Fall der Großen und Mächtigen. Mit ihnen fallen Mauern, entstehen neue, fallen Denkmäler und werden neue gebaut. Auch die Soester Fehde hatte ihre Zeit und dauerte zum Glück nicht ewig – aber für die Betroffenen damals schon viel zu lange, belagert und eingesperrt.

Und doch: am Ende immer wieder das „Mene mene tekel u pharsin“, die feurigen Buchstaben an der Wand: „Gewogen und zu leicht befunden“, das Urteil über alle menschlichen unmenschlichen Despoten wie Belsazar. Genauso erging es vielen Reichen und Starken: Aufstieg und Fall, Glanz und Untergang.

Oft geht es ganz schnell: 1000 Jahre sollte es währen – nach 12 Jahren war der Spuk vorbei, allerdings mit einer langen Spur von Blut und Tränen. Immer wieder das Gleiche: Kommen und Gehen, Werden und Vergehen, Macht und Ohnmacht.
In heutiger Zeit geht es immer schneller: heute neu – morgen veraltet, heute: *Hurra*, morgen: *raus*! Die Veränderungen geschehen heute in rasender Geschwindigkeit. So ist die Frage heute noch dringlicher: Was bleibt? Was hat Bestand?
Da liegt der Stein! Fest und beständig, hart und stark. Zeuge der Vergangenheit in der Gegenwart. Seine Botschaft heißt: Über alle Zeiten hinweg bleibt die Liebe. In der Kinderkirche wurde ihm diese Botschaft aufgemalt: ein Herz und grüne Efeuranken – lebendige Liebe. Sie soll Bestand haben wie der Stein. Wo der Stein ist, dort ist auch diese Botschaft. Er verleiht Beständigkeit und Dauer, nicht ein Herz aus Stein, sondern ein Herz beständig und gefestigt wie ein Stein, dauerhaft und wirksam, wasserfest gemalt und nur mit Gewalt zu entfernen.
Es geht um die Liebe, aus der wir kommen und in die wir gehen am Ende unseres Lebens, die uns hält, trägt und umgibt. Sie ist auch die Grundlage für die Zusage aus der sogenannten Bergpredigt Jesu, der Monatsspruch für August: „Bittet, so wird euch gegeben werden; suchet, so werdet ihr finden; klopfet an, so wird euch aufgetan werden!“ Das ist kein Automatismus, das kann dauern. Darum ist die Futur-Form in der Zürcher Übersetzung treffender als die Präsensform in der Luther-Übersetzung. Es kann dauern, bis gegeben wird und bis uns aufgetan wird – o, ja!
Wie oft habe ich das schon gehört: „Wie lange noch, wann werde ich endlich erlöst?“ Die Worte der Bergpredigt Jesu sind Goldene Worte. Für das alltägliche Leben und doch gehen sie darüber hinaus! Sie sind in der Zeit für die Ewigkeit – weisen über sich selbst hinaus. Ganz am Ende in den Versen 24-27 – dem heutige Predigttext - heißt es: *Jeder nun, der diese Worte hört und sie tut, ist einem klugen Manne zu vergleichen, der sein Haus auf den Felsen baute. Und der Platzregen fiel und die Wasserströme kamen und die Winde wehten und stießen an jenes Haus, und es fiel nicht ein, denn es war auf den Felsen gegründet. Und jeder, der diese meine Worte hört und sie nicht tut, ist einem törichten Manne zu vergleichen, der sein Haus auf*

den Sand baute. Und der Platzregen fiel und die Wasserströme kamen und die Winde stießen an jenes Haus, und es fiel ein, und sein Fall war groß.

Das Gleichnis vom Haus auf dem Felsen, das es auch bei Lukas gibt, macht deutlich: Es nützt alles nichts, wenn da nicht die Grundlage vorhanden ist, das Fundament, der Felsen, der Stein.

Wir haben es aus den TV-Nachrichten vor Augen: Häuser fallen in die Tiefe, am Berghang, am Fluss, auch mitten in der Stadt – Erdverschiebungen, Unterspülungen, zu wenig Fundament, Pfusch, Geiz, Korruption sind die Gründe. Hören und nichts Tun, das ist wie Wissen, aber nicht Beachten nach dem Motto: Es wird schon gut gehen. Aber dann geht es eben doch nicht gut und das Unglück ist da! Es fällt zusammen wie ein Kartenhaus.

Jesus selbst ist der Grund und das Ziel: *Einen andern Grund kann niemand legen als den, der gelegt ist, welcher Jesus Christus ist.* (1Kor 3,11) Dann können uns Wind und Wetter nichts anhaben. Wir leben im Schutzraum der Liebe Gottes, die in Jesus Christus erschienen ist.

Jedes Haus Gottes in dieser Welt, jede Kirche ist ein Gleichnis für Gottes Handeln auf dieser Erde. Auch Kirchengebäude sind nicht vor dem Einsturz gefeit, aber in ihrer künstlerischen Architektur ist schon ein kleines Wunder der Beständigkeit enthalten, die in wunderbarer Weise den sakralen Raum zusammenhält und die Unwetter der Jahrhunderte überdauern lässt. Das ist nur ein kleines Gleichnis der umfassenden Größe Gottes in seiner Dreieinigkeit, die immer ein Geheimnis bleiben wird, aber den Dreiklang unseres Lebens unsichtbar bestimmt in Glaube, Hoffnung und Liebe!

Es sind Umschreibungen für ein Begleiten und Umsichgreifen – Gott greift Raum in dieser Welt, aus der Ewigkeit in Raum und Zeit. In seinen Diensten werden wir Mitarbeitende am Reich Gottes. Es bleibt in der Tradition der Glaubenden, Hoffenden und Liebenden als feste Größe im Wandel der Zeiten.

Nicht das Haben bestimmt unser Leben, sondern das Sein: Wir sind auf ewig mit Gott verbunden, als Gottes Volk wandern wir durch die Zeit, kommen und gehen, werden und vergehen, aber es bleibt jenes Glauben, Hoffen, Lieben als Markenzeichen seiner

Herrschaft, wie sie in Christus Mensch geworden ist, sein Reich sichtbar in dieser Welt – trotz allem.

Es gilt also beides: Das Lebendige, auf dem Weg Sein Gottes, und das Bleibende, das Verlässliche im schnellen Wandel der Zeiten. Es bleibt nicht alles beim Alten, aber überall und zu jeder Zeit hat sein Wort und seine Zusage Gültigkeit: „Bittet, so wird euch gegeben werden; suchet, so werdet ihr finden; klopfet an, so wird euch aufgetan werden!"

(Zum Abschluss Worte, die ich gern bei Beerdigungen verwende, die aber durchaus auch für Lebende wichtig sind. Sie stammen von Günther Siedenschnur, wohnhaft in Gägelow, Kreis Nordwestmecklenburg.)

Was bleibt?

Du sahst deiner Füße Spur im Sand
am meerumrauschten Ort;
du kehrtest zurück – die Spur verschwand,
das Wasser nahm sie mit fort.

Du ließest die Spur – der Weg war schwer –
am schneebedeckten Ort;
du kehrtest zurück – du sahst sie nicht mehr,
der Wind verwehte sie dort.

Was bleibt von unseres Lebens Lauf,
wenn wir von dannen zieh'n?
Vergänglichkeit hebt uns're Spuren auf
und lässt sie ins Nichts entflieh'n.

Doch einem allein entfliehen sie nicht;
der schaut sie in Ewigkeit;
unendlich bewahrt er in seinem Licht
die Saat uns'rer Erdenzeit.

Die Ev. Pfarrkirche Bad Sassendorf

Im Wandel der Zeiten

Wenn Touristen die tagsüber geöffnete Ev. Pfarrkirche Sst. Simon und Judas Thaddaeus besuchen, stellen sie häufig die Frage: „Wie alt ist denn Ihre Kirche?“ – Eine nicht ganz leicht zu beantwortende Frage. Wann ist eine Kirche „fertig“? Wann wurde der erste Stein gelegt? Wie lange dauerte die Bauzeit?

In unserem Fall kann man sehr genau den Zeitpunkt „danach“ bestimmen: In der Urkunde vom 18.4.1313 „erlaubte Erzbischof Heinrich den Sassendorfern, eine Taufkapelle, einen Kirchhof und eine Schule zu errichten“. [1]

Aus der Taufkapelle stammt wahrscheinlich der alte Taufstein, der 1937 auf dem alten Bilkehof ausgegraben und in die Kirche zurückgebracht wurde. Man kann davon ausgehen, dass die Kirche ab etwa 1420 errichtet wurde, aber natürlich nicht in der Form und Ausstattung wie sie sich heute darstellt. Die Urkunde von 1313 kann als Beginn des eigenständigen kirchlichen Lebens in Sassendorf angesehen werden, und der alte gotische Taufstein ist sogar ein Zeuge aus der Zeit vor dem Kirchbau.

Veränderungen des Baukörpers im Laufe der Zeit haben am Mauerwerk deutliche Spuren hinterlassen. Unregelmäßigkeiten in den Schichten des oberen Turmbereichs lassen auf Zwangspausen etwa zur Zeit der Soester Fehde schließen. Die Größe der Fenster scheint verändert worden zu sein. Der wohl älteste Eingang an der Nordseite wurde durch eine weitere Tür im Süden ergänzt und schließlich wurde auch die Turmtür zu einem regelrechten Eingang ausgebaut.

Aber auch ein Namenswechsel hat offensichtlich stattgefunden: der ursprüngliche himmlische Patron Antonius wurde durch Simon und Judas Thaddaeus ersetzt. Im Inneren der Kirche gab es bis ins 20. Jahrhundert immer wieder Veränderungen. Noch um 1900 waren auf Bildern des Innenraums die Lohnherren-Bühnen zu sehen. Anfang des 20. Jahrhunderts wurden die Gewölbe eingezogen und damit die ursprünglich vorgesehene Form der dreischiffigen Hallenkirche vollendet.

Die Kirche stand bis Anfang des 20. Jahrhunderts unter dem weltlichen Patronat der Salzbeerbten, Soester Patrizier, die das Recht der Salzgewinnung innehatten.

1 Schwartz, S. 122

Evangelische Pfarrkirche Sst. Simon und Judas Thaddaeus, Süd-West-Ansicht

Ein Zeugnis aus alter Zeit

Die Kirche gehört wie die Nachbarkirchen in Lohne, Weslarn und Neuengeseke und ebenso wie die Kirche Maria zur Höhe in Soest zur Familie der dreischiffigen Hallenkirchen. Durch die besondere Bauform, in der das Ausmaß der Breite die Länge übertrifft, vermitteln diese Kirchen ganz besonders das Gefühl der Geborgenheit. In dieser Atmosphäre werden die Kunstschätze aus Stein und Holz ganz besonders sichtbar und erfahrbar.

In der Ev. Pfarrkirche Sst. Simon und Judas Thaddaeus in Bad Sassendorf sind diese Schätze vor allem der schon erwähnte Taufstein aus dem 14. Jahrhundert, der Apostelreigen aus dem 15. Jahrhundert, das Gestühl, die Kanzel und das Altarbild aus dem 17. Jahrhundert, das sog. Soester Schapp, 18. Jhdt., und die Balustrade vor dem Altar incl. Taufstein um 1820.

Es gilt, diese Schätze in den mittelalterlichen Kirchen in Soest und der Soester Börde wahrzunehmen. Dies wurde auch in den Zielvereinbarungen zum Abschluss der Landeskirchlichen Visitation 2008 festgehalten. Eine Projektgruppe wurde berufen und beauftragt, „ein Netz von kirchenbezogenen touristischen Angeboten“ zu entwickeln. [1] Eine Voraussetzung für das Gelingen sind „Offene Kirchen“. Dann besteht die Möglichkeit, dass Architektur und Darstellungen den Besuchern auch außerhalb von gottesdienstlichen Feiern „predigen“, Menschen ansprechen und Ihnen die Frohe Botschaft nahe bringen.

Die übliche Beobachtung *katholische Kirchen sind geöffnet, evangelische geschlossen* hat nur noch bedingt Gültigkeit. Inzwischen ist es ein ökumenisches Anliegen, Kirchen als Zeugnisse des Glaubens für alle Menschen zugänglich zu machen und zu halten – trotz aller Befürchtungen von Diebstahl und Beschädigung.

„Der Seele Raum geben. Kirchen als Orte der Besinnung und Ermutigung.“ Unter diesem Motto hat die 10. Synode hat die EKD-Synode 2003 in Leipzig beraten und festgestellt: „Kirchen dienen der christlichen Gemeinde zum Gottesdienst. Dazu sind sie gebaut. Aber sie sind mehr: Sie haben eine Ausstrahlungskraft weit über die Gemeinden hinaus, denen sie gehören.

1 www.kirchenkreis-soest.de/visitation2008.html

Wer eine Kirche aufsucht, betritt einen Raum, der für eine andere Welt steht. Ob man das Heilige, ob man Segen und Gottesnähe sucht oder schlicht Ruhe, ob ästhetische Motive im Vordergrund stehen – immer spricht der Raum: Durch seine Architektur, seine Geschichte, seine Kunst, seine Liturgie. Kirchen sind Orte, die Sinn eröffnen und zum Leben helfen können, Orte der Gastfreundschaft und Zuflucht. Sie sind Räume, die Glauben symbolisieren, Erinnerungen wach halten, Zukunft denkbar werden lassen, Beziehungen ermöglichen: zu sich selbst, zur Welt, zu Gott.“ [1]
Schließlich ruft die Präses der Synode Barbara Rinke dazu auf: „Halten wir unsere Kirchen wert! Die Synode lädt ein, sich über die Grenzen der Kirchenzugehörigkeit hinaus an den gesellschaftlichen Stellenwert der Kirchenräume zu erinnern. Die Kirche muss sich bewusst werden, dass ihr Platz in der Mitte der Gesellschaft ist. Die Synode der EKD tritt dafür ein, diesen Platz mutig zu gestalten. Sie ruft die gesellschaftliche Öffentlichkeit auf, die Gemeinden bei der Wahrnehmung dieser Aufgabe zu unterstützen.“ [2]
Im Kirchenkreis Soest wurde dies konkret in der Landeskirchlichen Visitation 2008 bedacht und als eine Zielvereinbarung formuliert: „Der Kreissynodalvorstand beruft eine Projektgruppe, die in Zusammenarbeit mit Tourismusexperten bis zum 31.12.2010 ein Netz von kirchenbezogenen touristischen Angeboten entwickeln soll“. Viele neue Infos im Internet, Kirchenposter-Erstellung, Pilgerweg-Eröffnung, Erarbeitung von Kirchen-Rundwegen westlich und östlich von Soest, Stadtrundwege in Lippstadt und Soest, sowie der Jakobsweg werden vom Arbeitskreis erarbeitet und veröffentlicht. Der erste kirchentouristische Vernetzungstag beschließt die Arbeit der Projektgruppe als Perspektive für die Zukunft, in der das Kirchenführungsnetzwerk beabsichtigt, die Kirchenrundwege als geführte Touren zu übernehmen.
Es liegt schließlich an den einzelnen Gemeinden, wie weit sie bereit sind, ihre Kirchen als geistliche Orte der Besinnung und Begegnung mit der frohen Botschaft auch alltags zu öffnen. - Was hat man davon?
Die große Chance, die eigene Dorfkirche für sich selbst neu zu entdecken, als Wahrzeichen, als Ort der Begegnung, der Stille und der Erneuerung.

1 Rinke, S.2 2 Rinke, S. 4

Pfarrerin Birgit Neuman-Becker beschreibt diese Chance gegen Ende ihres Vortrags „Die Bedeutung von Gastfreundschaft aus Sicht der Kirche“ mit folgenden Worten: „Abschließend eine vielleicht eher ungewöhnliche Einladung oder – wenn Sie wollen – auch Aufforderung. Als Kirche werden wir überzeugend gastlich sein, wenn wir uns selbst in den Räumen und im Glauben beheimaten. Wenn Gäste den Räumen anmerken, dass da die Gemeinde betet und das auch unter der Woche tut. Dass evangelische Kirchen zu Räumen werden, die evangelische Christen auch außerhalb der Gottesdienste für das Gebet, für die Stille, zur Andacht brauchen und aufsuchen, das ist einer meiner Hoffnungen. Wenn wir mit dem Evangelisten Johannes und mit Martin Luther sagen können, dass Christen überall anbeten können, dann doch wohl ganz sicher auch im Kirchenraum.

Und wenn wir Christenmenschen, Kirchenwachen, PfarrerInnen, Älteste in unseren Kirchen ganz zu Hause sind, können wir getrost Gäste empfangen und beherbergen und damit ein Zeugnis unseres Glaubens geben. Wenn Kirchen echte Anlaufstationen für Menschen sein sollen, dann müssen sie das zuerst für uns selber sein.

Dann werden wir den Dienst in der offenen Kirche immer sinnvoll und bereichernd erleben, unabhängig davon, wie viele Gäste die Kirche hatte.“ [1]

Die Kirche steht nach Worten von Präses Buß auf dem Land vor einer besonderen Herausforderung: „Wenn Dörfer veröden, wenn es im Ort keinen Laden mehr gibt, keine Post und auch noch die letzte Dorfkneipe dichtgemacht hat – dann haben wir als Kirche die Aufgabe, bei den Menschen zu bleiben.“[2] Die soziale Bedeutung von Kirche als Gebäude und Institution wird dadurch offensichtlich. Die Aufgabe, Kirchen nicht nur aus kunsthistorischen Gründen zu erhalten, zu pflegen und – zu öffnen, ist die zwangsläufige Folge. Kirchen sind öffentliche Gebäude für Gäste und Einheimische. Das gilt dann auch in ökumenischer, konfessionsübergreifender Hinsicht. In den Dörfern ist oft nur eine Kirche vorhanden. Sie soll und darf dann auch für alle *unsere* Dorfkirche sein. Erfahrungsgemäß sind dann auch die Bemühungen, diese Kirche zu erhalten, die gemeinsame Sache aller.

1 Neumann-Becker., S. 16

2 www.ekvw.de – Pressemitteilung vom 3.6.2009

Einladung zum Besuch: Ev. Pfarrkirche Bad Sassendorf, täglich 9-18, Winterzeit 9-16 Uhr geöffnet

Ein Ort der Verkündigung des Evangeliums

Die Offenen Kirchen bieten die Möglichkeit, BesucherInnen auch außerhalb der gottesdienstlichen Feiern die Frohe Botschaft nahe zu bringen. Im Laufe des Jahres kann dies den Zeiten des Kirchenjahres entsprechend in vielfältiger Weise geschehen. Fantasie und Kreativität können sich darin entfalten. Anregungen gibt es durch verschiedene Aktionen.

In der Advents- und Weihnachtszeit bis Epiphanias ist der *Andere Advent* eine gute Möglichkeit, in einem Adventsweg alternative Besinnung in der weihnachtlichen Zeit anzubieten. Die Krippe sollte diesen Weg anschaulich begleiten, indem sie langsam auf Weihnachten hin wächst: der Stall mit Ochs und Esel ist dann schon da, die Hirten und die Schafe sind bei ihren Hürden und eilen dann Weihnachten zur Krippe, während die Magier aus dem Morgenland erst Epiphanias ankommen. Danach kann der Stall mit Ochs und Esel und Krippe (mit Licht) „verwaist" und doch wie ein Wegweiser - evtl. mit Liedblatt „Die Weisen sind gegangen" – dastehen, so wie auch die Hirten wieder auf dem Felde sind...

Die Aktion 7-Wochen-Ohne bietet für die Zeit vor Ostern viel Material, die Fastenzeit anschaulich zu gestalten. Gleichzeitig kann der Ostergarten wachsen und die Osterkrippe in der Heiligen Woche ihren Platz finden. Sie sollte dann wie die Weihnachtskrippe durchaus die österliche Freudenzeit über das Fest hinaus begleiten und mit „Zeichen des Lebens" ausgeschmückt werden, die dann nach Himmelfahrt pfingstlich erweitert werden können und im trinitarischen Dreiklang ihren Abschluss finden.

Die kirchenfestarme Sommerzeit bietet in den Sommermonaten Gelegenheit, das Jahresthema der jeweiligen Landeskirche, des örtlichen Kirchenkreises oder der eigenen Kirchengemeinde anschaulich zu gestalten. In dieser Zeit kann auch Platz sein, ein Jubiläum zu bedenken und durch Bilder, Poster oder Schriften entsprechend zu gestalten.

Der Monat September/Oktober sollte dann auf jeden Fall der Ernte, der bedrohten Schöpfung, dem Dank für alle Gaben und dem Anliegen, die anvertraute Schöpfung zu bewahren, gewidmet sein.

Dabei sollte dann auch die Sorge um mehr Gerechtigkeit bei der Verteilung der Gaben ein Rolle spielen. Gemeindekreise oder Konfi-Gruppen sind gern bereit, sich in die konkrete Gestaltung einzubringen.
Schließlich gilt es, sich am Ende des Kirchenjahres im Monat November des Friedens als der dritten Komponente des Konziliaren Prozesses zu widmen. Hierfür bietet die Ökumenische Friedensdekade e.V. eine Fülle von Material zum jeweiligen Thema für die Zeit von Volkstrauertag bis Buß- und Bettag.
Abgesehen von diesen Gelegenheiten im Laufe des Jahres mit seinen Festtagen und thematisch geprägten Zeiten gibt es in unseren Kirchen viele Hinweise und Zeichen, die uns in der Architektur und in den Kunstwerken begegnen und uns per se die Frohe Botschaft, das Evangelium, nahe bringen.
„Ein Baum kann ein Geheimnis sein und Gottes Prediger." So textet der Pfarrer und Liederdichter Detlev Block im *Meditationslied zu einem Baum* in seiner Sammlung *Geistliche Lieder.*
Gottes Prediger können auch unsere Sakralbauten sein: die Gewölbe weisen auf den Himmel, die Bilder und Gegenstände auf die Erlösung von den Drangsalen dieser Erde hin und sind eine Hilfe, Gottes Nähe zu erfahren. So sind die Kirchengebäude auch außerhalb der Gottesdienste Orte, die diese Erfahrungen nahe bringen und erleichtern können.
In der Ev. Pfarrkirche Bad Sassendorf wird dies durch einen Flyer „Meditative Kirchenführung" angestrebt. Die kurzen kunsthistorischen Hinweise werden durch Anregungen zur meditativen Besinnung ergänzt:

Die Ev. Pfarrkirche Bad Sassendorf ist im 15. Jahrhundert (nach 1420)
als spätgotische dreischiffige Hallenkirche erbaut worden.
Nehmen Sie den Raum der Kirche wahr,
spüren Sie die Stille und die Besonderheit dieser Kirche.
Sie ist breiter als lang und vermittelt dadurch das Gefühl der Geborgenheit.
Haben Sie den Mut, laut zu sprechen oder zu singen.
Sie erfahren die besondere Akustik der Kirche.

Der Blick fällt als erstes auf den Altar aus dem 17. Jahrhundert.

Die Szene der Kreuzigung ist von den Menschen unter dem Kreuz geprägt.

Conrad Draudius, Pfarrer in Bad Sassendorf von 1642 bis 1660, ist hier verewigt.

Ich will hier bei dir stehen, verachte mich doch nicht;

von dir will ich nicht gehen, wenn dir dein Herze bricht;

wenn dein Haupt wird erblassen im letzten Todesstoß,

alsdann will ich dich fassen in meinen Arm und Schoß. (EG 85,6)

Stellen wir uns auch unter das Kreuz?

Halten wir es aus – das Leiden und Sterben?

Oder sitzen wir lieber bei den Soldaten links unter dem Kreuz?

Oder halten wir Abstand wie die vornehmen Leute, die von Ferne zuschauen?

Viel älter als das Altarbild ist die Darstellung der Apostel, der Glaubenszeugen, im Chorraum aus dem 15. Jahrhundert.

„Alsbald verließen sie das Schiff und ihren Vater

und folgten ihm nach." (Mt 4,22)

Stehen wir auch im Kreis der Bekenner und Nachfolger?

Folgen wir seinem Ruf:

„Kommet her zu mir alle, die ihr mühselig und beladen seid;

ich will euch erquicken."? (Mt 11,28)

Seine Verheißung lautet:

„Will mir jemand nachfolgen, der verleugne sich selbst

und nehme sein Kreuz auf sich und folge mir." (Mt 16,24)

Das älteste Stück im Chorraum und in der Kirche überhaupt ist der alte gotische Taufstein. Er stammt aus der Taufkapelle, die nach 1313 erbaut worden war, und ist somit älter als die Kirche.

Ich bin getauft auf deinen Namen, Gott Vater, Sohn und Heilger Geist; ich bin gezählt zu deinem Samen, zum Volk, das dir geheiligt heißt. Ich bin in Christus eingesenkt, mit seinem Geist beschenkt." (EG 200,1)

Der später erstellte Taufstein aus Holz aus dem 19. Jahrhundert gehört zur Balustrade vor dem Altar. Er wurde im 19. und 20. Jahrhundert benutzt. Jetzt ist wieder der alte Taufstein aus Grünsandstein in achteckiger Becherform in Gebrauch.

Durch Altar und Taufstein sind die Sakramente im Chorraum präsent.
„Wasser, Brot und Wein tun's freilich nicht, sondern der Glaube, so mit, unter und in dem Brot, Wein und Wasser ist." (nach Martin Luthers Katechismus)
Dieser Glaube kommt aus dem Wort Gottes - von der Kanzel aus verkündet.

Die Kanzel aus dem 17. Jahrhundert zeigt die vier Evangelisten mit ihren Symbolen und als Zusammenfassung aller Botschaft die Liebe in Form von Herzen an der rechten Seite der Kanzel.
Unter dem Schalldeckel der Kanzel ist wie oben im Chorraum der achteckige Sälzerstern zu sehen, Wegweiser zum Heil in der Ewigkeit.

„Stern, auf den ich schaue, Fels, auf dem ich steh,
Führer, dem ich traue, Stab, an dem ich geh,
Brot, von dem ich lebe, Quell, an dem ich ruh,
Ziel, das ich erstrebe, alles, Herr, bist du." (EG 407)

Drehen wir uns im Chorraum um und sehen in den Kirchenraum, fällt unser Blick auf die Bänke mit ihren kunstvoll verzierten Türen und auf die Empore mit der Orgel aus den 50er-Jahren des 20 Jahrhunderts. Sie füllt den akustisch hervorragenden Raum nicht nur in Gottesdiensten, sondern auch bei Konzerten mit ihrem besonderen Klang.

„Nun lob, mein Seel, den Herren, was in mir ist, den Namen sein. Sein Wohltat tut er mehren, vergiß es nicht, o Herze mein. Hat dir dein Sünd vergeben und heilt dein Schwachheit groß, errett' dein armes Leben, nimmt dich in deinen Schoß, mit reichem Trost beschüttet, verjüngt dem Adler gleich; der Herr schafft Recht behütet, die leidn in seinem Reich." (EG 289,1)

Innenansicht nach Westen: Orgelempore

Kunsthistorische Anmerkungen zum Altarbild

Geschichtliches

Die Entwicklung der Malerei in Kirchen begann eigentlich recht spät. In den großen Kathedralen gab es noch keine Wandmalereien, sondern nur Glasmalerei und Skulpturen. Im 14. und 15. Jahrhundert verbreitete sich dann die Wandmalerei in den gotischen Kirchen. Dann entwickelte sich auch die mittelalterliche Tafelmalerei, eingebunden in prachtvolle Flügelaltäre der Mal- und Schnitzkunst, die sich vor allem der Darstellung des Leidens und Sterbens Jesu Christi widmeten.

Den Höhepunkt dieser Entwicklung bildet im 16. Jahrhundert der Isenheimer Wandelaltar Grünewalds, in dem die ganze Fülle der Tafelmalerei in Farbe und Komposition ihren unvergleichlichen Ausdruck findet. Er zeigt vor allem auch die Funktionsbreite von Fest und Alltag, Leben und Sterben, Himmel und Hölle.

Es ist hier nicht der Raum und die Möglichkeit, auf Einzelheiten einzugehen. Wichtig erscheint in diesem Zusammenhang, dass von Anfang an in der Tafelmalerei versucht wurde, Wesentliches und Wichtiges zum Ausdruck zu bringen, und dass in einer gewissen Flexibilität Variationen nach den Gegebenheiten des Kirchenjahres, der Festzeiten und der alltäglichen Abläufe möglich und üblich waren bis hin zu Verhüllungen und Öffnungen zu den entsprechenden Anlässen.

So entwickelten sich wohl die für die Gotik typischen Retabel- und Flügelaltäre mit ihren hinter dem Altar angebrachten Bildtafeln, sowie der Predella (Unterbauten) und dem Altarblatt, dem hochgestellten Gemälde auf dem Altar, in späterer Zeit auch von Säulen und Skulpturen umgeben.

Die geschichtlichen Entwicklungen zeigen, dass es durchaus einige pragmatische und historisch bedingte Veränderungen gab, die den jeweiligen Bedürfnissen und auch den unterschiedlichen Auffassungen, um nicht zu sagen „Modeerscheinungen“, angepasst waren.

Festzuhalten ist, dass diese Änderungen offensichtlich „erlaubt“ waren und in heutiger Zeit mit dem Bestreben, Kunstwerke in ihrer ursprünglichen Form zu erhalten, bzw. sie in diese zurückzuführen, auch Spielräume für angemessene Anpassungen an heutige Gegebenheiten eröffnen.

„Wiederentdeckung" des Altarbilds

In seiner umfassenden Darstellung „Die Kirchen der Soester Börde" konstatiert Hubertus Schwartz: „Die Kirche gibt das seltene Beispiel eines Baus, der aus einem Guß entstanden ist."[1] Im gleichen Zusammenhang berichtet er aber auch, dass die Flachdecke durch Kreuzgewölbe ersetzt wurde und über einige andere Maßnahmen, die noch um die Jahrhundertwende vorgenommen wurden. Dies geschah offensichtlich nach den ursprünglichen Bauplänen. Hingegen wurden z.B. die Eingänge historisch verfälscht. Gegenwärtig versucht man, den denkmalrechtlichen Vorschriften entsprechend den historisch gewachsenen Gebäuden ihre ursprüngliche Form und Gestalt behutsam restaurierend zurückzugeben.

In den vergangenen 100 Jahren gab es wohl drei größere Restaurierungsmaßnahmen: die erste noch während des 2. Weltkriegs im Jahre 1941, die zweite im Zuge des Heizungsbaus und des Neuanstrichs in den 60er Jahren und schließlich die umfangreiche Innenrenovierung zu Anfang dieses Jahrhunderts, nachdem die Kirchturm- und Kirchendacherneuerung abgeschlossen war.

Ältere „Ureinwohner" von Bad Sassendorf erinnern sich noch an das Altarbild, wie es ihnen in Kindertagen vor Augen stand: Jesus und der sinkende Petrus. Vor über 70 Jahren schrieb Heinrich Sander, Pfarrer an der Stiftburgkirche in Herford, am 3.4.1941 an seine Nichte Annemarie Haulle, geb. Sander, in Bad Sassendorf: *„Ich bekam in vor. Woche einen langen Brief von P. Johannsen. Es wird die Sass. Kirche ausgemalt. Da fragte er nach manchem, besonders nach dem Altar. Der soll auch geändert werden. Mein Wunsch, daß das alte Altarbild: die Kreuzigung wieder eingesetzt wird, wird erfüllt. Aber das Bild wird erst restauriert."*[2]

Das Bild war als Rückwand versteckt gewesen und bei der Restaurierung des Altars „wiedergefunden" worden. Es stammt vermutlich aus der Soester Maltradition, aus der ehemals auch Konrad von Soest hervorgegangen war. Da Conrad Draudius (1642-1660 Pfarrer in Bad Sassendorf) unter dem Kreuz dargestellt ist, lässt sich die Entstehungszeit recht genau eingrenzen. Von Conrad Draudius existiert noch ein lebensgroßes Ölbild im Besitz der Kirchengemeinde.

1 Schwartz, S. 124 2 Privatarchiv der Familie Sander-Haulle; zum „sinkenden Petrus" vgl. Ludorf, Tafel 43, S. 73

Innenansicht nach Osten: Chorraum

Betrachtungen zum Altarbild

Gesamteindruck

Es ist sicherlich gut und wünschenswert, sich dem Altarbild nicht nur in Gedanken, sondern mit allen Sinnen Schritt für Schritt zu nähern, um es zu erfahren, wahrzunehmen und zu erfassen. Dies geht wohl am besten, wenn man die Kirche durch den ältesten Eingang, also von der Nordseite her betritt, gleich am Eingang verweilt und versucht, die Fülle des Raumes, die Bankreihen, die Fenster, den Chorraum, die Gewölbe wahrzunehmen, in sich aufzunehmen mit aller Fülle und Ausgewogenheit von Erde und Himmel, Schatten und Licht.

Es ist gut, langsam mit dem Gesicht nach Osten gewandt den Gang bis zur Kreuzung von Mittel- und Quergang zu gehen und dann zu verweilen, den Raum auf sich wirken zu lassen, den Raum der Kirche samt Altarraum vor sich zu haben, vom Dunkel ins Licht zu gehen.

Ist die Mitte erreicht, sollte man die Augen einen Moment schließen. Das bisher wahrgenommene einen Moment wirken lassen. Danach nehmen wir die neue Perspektive wahr, haben den Chorraum als ganzes vor Augen: den Altar mit seiner Umrandung und der Balustrade mit dem hölzernen Taufstein, die Kanzel mit dem Schalldeckel und dem Sälzerstern, den alten gotischen Taufstein aus dem 14. Jhdt. Wir sehen das Gewölbe und den Sälzerstern oben als Abschluss, das Chorfenster hinter dem Altar, dann den Altar in seiner Gesamtheit, ohne schon auf die Einzelheiten zu achten.

Langsamen Schrittes kann man nun durch den Mittelgang nach vorne gehen. Die Grundform der dreischiffigen Hallenkirche, sie ist breiter als lang, wird erfahrbar im Gefühl der Geborgenheit. Ist die Stufe zum Altarraum erreicht, sollte zunächst der Blick zurück in das Kirchenschiff gehen. Es eröffnet sich die Sicht zur Empore mit der Orgel und in die Gewölbe, sowie auf den alten Altaraufsatz an der Westwand neben der Orgel (seit 2010). Jetzt ist es an der Zeit, mit dem Blick nach Osten den Altar in seinen Einzelheiten näher in Augenschein zu nehmen: den Tisch aus Grünsandstein, dann der Aufsatz: die barocke Umrahmung, die Predella mit dem Bild vom letzten Abendmahl Jesu mit den Einsetzungsworten rechts und links.

Altarbild – schematische Übersicht der Menschengruppen unter dem Kreuz

Das Altarbild an sich ist ca. 1 m breit und 1,5 m hoch. In der Darstellung ist die Tradition der Soester Malschule mit dem sog. Weichen Stil des Conrad von Soest noch erkennbar, aber der Zug zur gegenständlichen und naturgetreuen Wiedergabe ohne Ausschmückungen wird deutlich. Auffällig ist die große Liebe zum Detail in der Darstellung von Personen und Gegenständen, wie auch des Hintergrundes. [1]

Es lohnt sich, dies im Einzelnen zu betrachten, um das Geschehen auf Golgatha zu erfassen und mit der realen Welt der Betrachter in Beziehung zu setzen. Dies wurde in den Passionsandachten im Jahr 2000 durch die Betrachtung in sieben Stationen unternommen: von den Werkzeugen (Gegenstände und Menschen) zur Mitte, dem Kreuzestod des Gottessohns: die senkrechte Achse von der Schädelstätte, dem Ort der Trauer, bis in den Himmel des ewigen Lichtes, begleitet von den Werkzeugen des Todes in Gegenständen und Personen.

In einer einleitenden Meditation stehen die Werkzeuge der Kreuzigung auf Golgatha im Mittelpunkt (1). In der zweiten Besinnung kommen die Ausführenden in den Blick (2) und die, die ihre „Arbeit" getan haben und sich nun dem Würfelspiel widmen (3). Manche stehen abseits, einige unter dem Kreuz (4). Sogar über den Tod hinaus wird auf Golgatha entschieden: die Mitgekreuzigten (5). Den größten Schmerz tragen die Menschen unter dem Kreuz (6). Über allem und allen: der Gekreuzigte, Leidende, Sterbende und doch: der Sieger über den Tod (7).[2]

Wenn auch nur wenige Personen auf dem Bild zu sehen sind, es ist in ihnen das gesamte Geschehen fast harmonisch dargestellt: exemplarisch die Ausführenden, die Zuschauer, die Betroffenen und die Leidtragenden. Die Trostlosigkeit des Sterbens und der Trauer hat in der gesamten Form der Darstellung nicht eindeutig das Übergewicht. Da ist die Trauer und der Abschied – und doch haben sie nicht das letzte Wort. Das liegt in der gesamten Komposition der Darstellung: geordnet in ihren jeweiligen Rollen von Mitleiden, Betroffensein und Zuschauen einerseits und Aktivität in ihrer Arbeit und Zeitvertreib andererseits. Die unter den drei hohen Kreuzen Versammelten bilden eine Gemeinschaft der Zeugen von diesem besonderen Geschehen, das über sich selbst hinausweist.

1 vgl. www.deutschland-im-mittelalter.de und www.geschichtsverein-soest.de

2 s. Übersicht auf S. 28

Altarbild mit Predella – Gesamtansicht

Die Botschaft des Altarbilds

Am Altar, dem Tisch des Herrn, sind Darstellungen von Kreuzigungsszenen häufig zu finden. Ihre Botschaft: für euch gestorben. Bilder vom letzten Abendmahl Jesu mit seinen Jüngern ergänzen diese oft: für euch gegeben. Manche Besucher empfinden diese Bilder aus der Passionsgeschichte als bedrückend und belastend. „Das macht mich immer so traurig", sagte mir einmal eine Konfirmandenmutter. Vielleicht ist es uns als „Dauerbesucher" zur Gewohnheit geworden, fällt uns nicht mehr weiter auf. Um so wichtiger sind die schon angesprochenen Hinweise über den Tod hinaus. Um dies sichtbar und bewusst zu machen, wurden in dem denkwürdigen Jahr 2000 wegweisend zu Beginn des neuen Jahrtausends in der Bad Sassendorfer Kirche alle sieben Passionsandachten mit Altarbild-Meditationen gehalten. Der Ablauf war in allen sieben Andachten der gleiche:

Glockengeläut – Stille

Eingangslied und Bußpsalm im Wechsel

Stilles Gebet mit gemeinsamem Abschluss:

Barmherziger, ewiger Gott, du hast am Kreuz deines Sohnes unsern Tod auf dich genommen. Lass uns auch teilhaben an seinem Leben. Durch Jesus Christus, unsern Herrn. Amen.

Lesung aus der Passionsgeschichte

Stilles Gebet und Wochenlied

Altarbild-Meditation

Segenslied: *Komm, Herr, Segne uns...*

Gebet für den Frieden

Vaterunser und Segenswort

Den Altarbildmeditationen lagen jeweils Ausschnitte des Altarbilds zugrunde, die den Besuchern separat vor Augen gestellt wurden. Text und Bild-Ausschnitte stehen bis heute auch den BesucherInnen in kleinen Heften zur Verfügung, um sie anzuleiten, für sich selbst die Passion Jesu und die in ihr und durch sie verborgene Frohe Botschaft neu zu entdecken, und dann insbesondere wahrzunehmen, dass die Osterbotschaft - früher im Siegeslamm über dem Altar sichtbar, das jetzt auf der Orgelempore angebracht ist, - im Grunde bereits im Kreuzigungsbild präsent ist.

Meditationen

Werkzeuge: Hammer, Zange, Nägel (8.3.2000)

Hier habe ich einen Nagel: besonders groß, besonders alt. Ein besonderer Nagel. Irgendwo im Turm hat er gesessen. Der Rost und die Verwitterung weisen auf sein Alter hin. Er war nützlich, solange er seine Funktion erfüllte. Jetzt erinnert er an das Alte, die Zeit Überdauernde und dennoch Vergängliche. Ein Zeuge der Zeit, die vergeht und nicht zurückkommt.

Ein Nagel. Er ist nützlich zum Befestigen, zum Festnageln. Es ist wichtig, den Nagel auf den Kopf zu treffen. Auch im übertragenen Sinne: Wichtiges und Wesentliches zu benennen.

Ein Nagel: Zeichen für Festigkeit und Stärke. „Nägel mit Köppen machen“, Durchgreifen, Zu-Ende-Bringen.

Ein Nagel: Hilfe in der Not, der Notnagel. Er hält, rettet, bewahrt. Wohl dem, der solch einen Nagel hat und aufbewahrt.

Ein Nagel. Er kann wehtun, verletzen, einreißen. Je nach dem ....

Hammer, Zange, Nägel: Werkzeuge. Sie werden gebraucht im Handwerk. Es ist gut, sie bei der Hand zu haben, wenn es nötig ist. Ohne Werkzeug ist man machtlos. Mit Werkzeug schafft man Hilfe und Vollendung.

Hammer, Zange, Nägel können missbraucht werden. Wehe, sie geraten in schlechte Hände! Messer, Schere, Hammer, Zange, Nägel sind nichts für Kinderhände, sondern für Fachleute. Aber auch Fachleute sind keine Garantie gegen falschen Gebrauch. Der Nagel, durch die Hand geschlagen, verletzt, schmerzt, tötet. Er bringt Leid und Schmerzen, verbindet den Leib mit dem Holz, passt nicht zusammen. Das Holz ist hart und unbequem. Es erschlägt, peinigt, macht fest, wo man nicht bleiben will: Zwang der Gewalt, Ausdruck der Bestie Mensch, wo das Nützliche in den Dienst des Bösen gerät.

Was hilft? „Finger weg vom Hammer“? – Das ist nicht entscheidend. Er ist nicht von Natur aus böse, sondern nur in der falschen Hand vom falschen, bösen Herzen gelenkt. Der Handwerker tut es nicht von sich aus. Er ist Ausführender wie sein Werkzeug. - *Aber woher kommt das Böse?* - *Das ist die Urfrage!*

Werkzeuge: die Soldaten (15.3.2000)

Die Werkzeuge sind nicht von sich aus böse und schlecht - sie werden es durch den Gebrauch durch Menschen. Aber auch diese sind Werkzeuge, Befehlsempfänger, Ausführende.

„Sie tun ihren Job“, sagt man heute. Alles andere ist unwichtig. Wirklich?

Wir betrachten den Soldaten mit der Lanze...... -

Stolz reitet er unter dem Kreuz her.

Wir betrachten ihn näher...... –

Das ist nicht das Gesicht eines raubeinigen Soldaten. Es erscheint eher skeptisch und nachdenklich: Wer ist dieser Gekreuzigte?

Vielleicht doch kein elender Verbrecher, zum Tode verurteilt?

Vielleicht doch ein besonderer Mensch?

Wahrlich, dieser ist Gottes Sohn gewesen!

Der Befehlsempfänger erhält ein Profil. Das Werkzeug der Mächtigen wird zu einer eigenständigen Person, erhält ein Gesicht, das nicht mehr den Erwartungen und Vorstellungen, der vorgegebenen Norm, entspricht. Wie Gott in Jesus Gestalt angenommen hat, so erhält der Soldat menschliche Züge. Er wird zum Bekenner, der Wesentliches wahrnimmt über Raum und Zeit hinweg. Er entrinnt dem Aktionsradius der Mächtigen.

Ähnliches gilt für den Schwamm-Halter. Es ist theologisch nicht geklärt, was er erreichen will. Der mit Weinessig getränkte Schwamm verlängert das Leben, stärkt den, der empfängt und aufnimmt. Es ist eine soldatische Gewohnheit. Aber was soll sie bezwecken? Lebensverlängerung bis zur Elia-Erscheinung? Ist es Spott oder die Hoffnung auf eine Wende im letzten Moment? Das Gesicht des Soldaten weist mehr in die Richtung der gläubigen Hingabe. Es ist kaum der Ausdruck von Spott und Hohn. Hier sieht es mehr nach Ehrerbietung und Anbetung aus. Ja, es sind so gar nicht Soldaten, wie wir sie uns vorstellen. Aber die Wende bleibt aus. Sie geschieht nicht hier und jetzt, sondern viel später im Geschehen danach, im Lebendigen über den Tod hinaus. Und doch spiegelt sich schon hier in den Gesichtern das Leben über den Tod hinaus. Es spiegelt sich ewiges Leben.

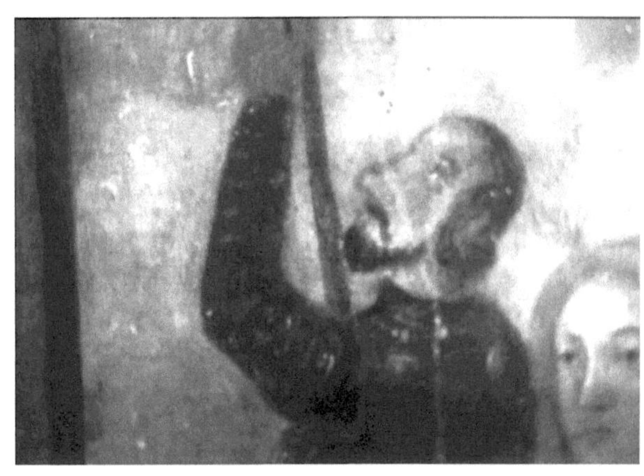

Werkzeuge zur Erfüllung der Verheißung (22.3.2000)

Werkzeuge sind nicht per se böse: Zange, Hammer, Nägel. Auch Soldaten sind Werkzeuge und nicht per se böse. Sie handeln auf Befehl. Sie führen aus, was andere geurteilt und befohlen haben. Sie schlagen ans Kreuz und richten es auf. Sie sind Ausführende mit der Lanze, mit dem getränkten Schwamm. Sie halten Wache. Sie tun ihren Job. Nicht mehr und nicht weniger wird von ihnen verlangt.

Sie bekommen ihren Sold. Das ist wichtig. Deshalb heißen sie Soldaten und wenn sie ihren Job getan haben, bekommen sie ihre Prämie, ihren Zusatzsold. Sie verfügen über den Nachlass der Getöteten. Das ist so üblich. Auch das gehört zu ihrem Job – auch auf Golgatha. Eine Gruppe und eine Szene für sich: Zuschauer und Akteure. Nach vollbrachter Arbeit gehen sie zum Ausklang über: die Belohnung in der Aufteilung der Habseligkeiten. Da gab es wenig zu verdienen und zu gewinnen – aber immerhin: eine besondere Zeremonie, ein Epilog zum Geschehen. Sie soll vielleicht auch ein wenig ablenken vom mörderischen Geschäft. Dies Menschliche im unmenschlichen Geschäft des Tötens ist makaber. Es ist aber auch ein wenig verdrängend und beruhigend.

Die Würfel sind gefallen: vier, fünf und sechs. Es sind hohe Zahlen, vielleicht der Gewinn. Alles konzentriert sich abgewandt vom Kreuz auf dies Geschehen unter dem Kreuz. Die Faszination des Spiels im Alltag ist ein Zeitvertreib, vielleicht auch hier. Vielleicht ist es auch mehr: Wegschauen-Können vom eigentlichen Geschehen, sich Ablenken, gebannt sein vom Glücksspiel. Wie viele suchen heute darin Entspannung und Erfüllung: Gewinnen – das Glücksgefühl, der Kick! Damals gab es das auch schon – und doch: anders: „Sie haben meine Kleider unter sich geteilt und haben über meinen Rock das Los geworfen.“ (Psalm 22,19)

Das Alltägliche, Gewohnte wird übertragen in eine höhere Dimension. Da erfüllt sich, was für den Fall des Tötens und Sterbens vorausgesagt ist. Für den Messias? Nicht unbedingt, nicht zwingend – aber diese Erfüllung bestätigt im Nachhinein das Besondere, das über den „normalen“ Kreuzestod Hinausgehende: die Erfüllung von Gottes Wort - vor Urzeiten gesprochen.

Distanz und Nähe (29.3.2000)

Gegenstände und Personen werden zu Werkzeugen des Bösen, führen aus, was befohlen wurde. Sie erfüllen die Schrift, verteilen das letzte Hab und Gut, spielen um ihre Prämie.

„... und das Volk stand und sah zu." Scheinbar neutral, ohne eine Regung. Es sind Schaulustige, vielleicht auch Betroffene, mehr oder weniger.

Vielleicht auch zufällig? Da steht der Spaziergänger mit Hund.

Als Drahtzieher hinter den Kulissen oder als Spötter sagen sie: „Er hat anderen geholfen; er helfe sich selbst , ist er der Christus, der Auserwählte Gottes."

Das schlechte Gewissen ist da, aber es wird überspielt. Die Distanz hält es zwar vom Leibe, aber nicht wirklich und endgültig. Auch die Distanz schafft keine Neutralität. Schuld und Verantwortung lassen sich nicht abwälzen, sondern fallen zurück auf die Verursacher. Das Volk aber schrie: „Kreuzige ihn!" Das Raushalten fällt zurück als Selbstanklage und Verschulden. „Wer nicht für mich ist, ist gegen mich." Auf der linken Seite wird die letzte Chance vertan, am Kreuz und auch darunter.

Aber da gibt es noch die anderen, nicht rechts oder links vom Kreuz, sondern unter dem Kreuz in der Mitte. Sie sind nicht neutral oder als Werkzeuge beteiligt, sondern die Betroffenen, Trauernden, Hinterbliebenen.

In den verschiedenen Evangelien gibt es sehr unterschiedliche Überlieferungen über die Zusammensetzung und den Standort dieser Gruppe. Mal schauen sie nur von ferne, mal stehen sie unter dem Kreuz. Auch die Zahl dieser Personen, ja sogar ihre Identität schwankt je nach Überlieferung.

Hier stehen sie unter dem Kreuz: Johannes natürlich, die Mutter Jesu und vielleicht Maria Magdalena oder eine andere und – in künstlerischer Freiheit über Raum und Zeit hinweg – Conrad Draudius als Zeuge aus dem 17. Jahrhundert.

Wie auch immer. Unter dem Kreuz zu stehen, bedeutet ja wohl, sich zu dem Gekreuzigten zu bekennen, mit ihm auch noch im Tod solidarisch zu sein, sogar im verächtlichen, qualvollen Kreuzestod. In der Stunde der Entscheidung ist es gut, dort zu stehen, aber es ist nicht leicht, es durchzuhalten und zu bestehen in Trauer und Schmerz, am Ende der Kraft und der Hoffnung - und doch: am Ziel.

Die drei Kreuze (5.4.2000)

Werkzeuge zum Bösen sind Sachen oder Menschen. Sie bewirken Böses, aber sie sind nicht von sich aus böse. Anders die beiden Mitgekreuzigten: sie sind Verbrecher, Terroristen, Gesetzesübertreter. Auf dem Altarbild erscheinen sie seltsam klein, unbedeutend, gering neben der großen Kreuzesdarstellung in der Mitte.

Die drei Kreuze sind bezeichnend für Golgatha, Karfreitag, die Kreuzigung schlechthin. Stilisiert sind sie eine Art Logo. Jeder weiß, was gemeint ist: der Hügel mit den drei Kreuzen vor der Stadt Jerusalem.

Sie bilden fast schon eine Einheit und nur zusammen sind sie der Hinweis auf das besondere Ereignis der Kreuzigung Jesu, unverwechselbar nur in der Dreizahl: das große zwischen den beiden etwas kleineren, das Bedeutende zwischen den weniger Bedeutenden. Sie begleiten, sind Beiwerk und sind doch bezeichnend, unverwechselbar in der Gesamtkonzeption, Zeichen für grausamen Tod, für Gottesferne und Finsternis, Ursache für Klagen und Tränen, eine Gemeinschaft des Todes, jeder für sich und doch gemeinsam im Schicksal des Todes.

Aber nun weist es über sich selbst, über den Kreuzestod, hinaus. In der Stunde des Todes fällt die Entscheidung über das eigene irdische Leben hinaus: arrogant, reuelos der eine, ergeben, hingebungsvoll der andere. Es ist die letzte Chance zur Entscheidung: Beharren im Bösen oder Hinwendung zum Guten, ewige Verdammnis in Spott und Hohn auf der einen Seite, Erlösung in der Reue und Bitte auf der andren Seite.

„Heute noch wirst du mit mir im Paradiese sein." Ein verpfuschtes Leben wird heil und gut, nimmt eine Wende am Ende des irdischen Lebens. Im Gefolge des reuigen Übeltäters finden sich viele Nachfolger, deren Leben im Angesicht des Todes eine Kehrtwendung nahm, heil und gerettet wurde.

Von vielen großen Persönlichkeiten, die ihr Leben fern von Gott und ohne Gott lebten, wird solche Wendung am Ende ihres Lebens in der Stunde des Todes berichtet. Sicherlich ist da manchmal auch etwas Legendenbildung dabei. Aber es hat schon etwas Faszinierendes: Jene Zusage Jesu, die am Ende allein wichtig ist und alles bedeutet.

Die Menschen unter dem Kreuz (12.4.2000)

Wir sind in der Mitte angekommen. Die Mitte zeigt Wesentliches: keine Werkzeuge des Bösen, keine Zuschauer, keine Menschen auf Distanz, sondern Betroffene.

Nicht alle Evangelien stellen die Personen unter das Kreuz, nicht alle nennen ihre Namen. Schon gar nicht den von Conrad Draudius, der in künstlerischer Freiheit symbolisch auf dem Altarbild unter dem Kreuz erscheint.

Hier stehen sie nicht von ferne, sondern mittendrin im Geschehen. Und doch ist es eine kleine Geschichte für sich: die Trauernden, Weinenden, Verzweifelten – vereint in der Trauer, im Schmerz, in der Ratlosigkeit. Wie versteinert stehen sie da, in Tränen aufgelöst, mühselig und beladen: Johannes, Maria, Maria Magdalena und eben Conrad Draudius, verbunden über Raum und Zeit hinweg mit den ersten Zeugen: unter dem Kreuz, das miteinander verbindet als Zeichen des Todes, aber auch des Heils.

Jede und jeder für sich ein Beispiel, ein Exemplar, aller Christenmenschen: die vornehme Trauer, die theologische Verarbeitung, die Auflösung in Tränen, die Hinwendung zum Leben. So wie wir in unserem eigenen Leben in vielfältiger Weise mit der Erfahrung des Todes umgehen, so tun es hier die Menschen, die ihm ganz nahe waren in der Trauer, in der Verzweiflung, im Verdrängen, in Erstarrung und in Ersatzhandlungen.

„O Mensch, bewein dein Sünden groß.“ Im Schmerz zu zerfließen, ist vielleicht die naheliegendste Reaktion, nicht abgeklärt überlegen, nicht vor den Leuten, die es erwarten, nicht die große Show, sondern am Ende sein, ganz und gar dem Schmerz hingegeben.

Was eigentlich vorauszusehen war, ist eingetreten, unwiderruflich, unabwendbar. Es sind ganz und gar Trauernde an Leib und Seele. Es bricht heraus, und der Körper bricht zusammen, ein Häuflein Elend im wahrsten Sinne des Wortes.

So weit weg ist der Karfreitag von Ostern. Hier unten am Kreuz ist das Elend dieser Welt wie in einem Punkt zusammengefasst: Kein Hoffnungsschimmer, nur Tod und Hoffnungslosigkeit.

Nur eine Hand ist da, eine ausgestreckte Hand, die sich anbietet und Hilfe verspricht.

Am Ende der Tod: Eingang zum Leben (19.4.2000)

Endstation Tod.

Doch das ist nicht irgendein Tod. Es ist einer von vielen - sicherlich - und doch ein besonderer: König der Juden. Es gab eigentlich keinen. Immer war da das gespaltene Verhältnis zum Königtum. Nie wurde es voll bejaht. Auch König David, der Hirtenjunge, nicht, aber von ihm, aus seinem Geschlecht kommt der wahre König.

So ist der *„König der Juden"* mehr als nur eine Verspottung und ein Hohn-Titel. Es ist die Wahrheit in höherer Dimension. Es ist das, was eigentlich gar nicht gemeint war, und doch richtig und weitgreifend ist. In dem Titel, der Ausdruck und Grund der Verurteilung war, liegt die größere Bedeutung: der Gekreuzigte wird zum König aller Verachteten, Armen und Schuldigen.

In diesem König der Juden der ganz anderen Art ist über menschliche Maßstäbe und Kategorien hinaus der Sohn Gottes erschienen, wie es der römische Hauptmann bekannt hat. Er spricht aus, was weltweit gelten soll: Es gibt keinen anderen König als Gott selbst, und dieser hat sich in diesem Menschen Jesus von Nazareth als ihm ganz und gar Nächstem auf Erden offenbart, als sein Sohn.

So wird es im Haupt des Gekreuzigten offenbar: der Leidende und Sterbende ist nicht jene elende Kreatur des Todes, sondern der Sieger über den Tod. Die Dornenkrone wird zum Strahlenkranz – mehr als nur ein „Heiligenschein", mehr als nur ein Titel, mehr als nur eine Verklärung. Das Leben selbst ist erschienen!

Wie eine Sonne leuchtet sein Haupt und lässt den Glaubenden im Sterbenden den über den Tod Siegenden erscheinen: „Wahrlich, dieser ist Gottes Sohn!" Es ist die Fortführung des Bekenntnisses aus dem Mund des Heiden: „Wahrlich, dieser ist Gottes Sohn gewesen!"

Hier und jetzt und für alle Zeiten gilt: „Er ist Gottes Sohn!" Er ist der Lebendige über Raum und Zeit hinweg. So lautet das Bekenntnis des Künstlers aus dem 17. Jahrhundert. Es gilt auch 2000 Jahre nach dem irdischen Leben Jesu. Die Strahlen des Lebens reichen bis in unsere Gegenwart: Zeichen des Lebens gegen den Tod.

Das Ende wird zum neuen Anfang, das Vergehen mündet in neues Leben über alle Unzulänglichkeit irdischen Lebens: Ein Stück Himmel auf Erden.

Das Altarbild als Wegweiser

Predigt zu Joh 19, 16-30 am 28.3.1997

Kanzelgruß – Anrede

Einmal im Jahr – am Karfreitag – spiegelt das Altarbild die Evangelium-Perikope wider. Alle sechs Jahre ist es gleichzeitig der Predigttext. Heute ist dieser Tag. Das Evangelium Joh 19,16-30, das wir eben gehört haben, haben wir hier in der Kirche wesentlich im Altarbild vor Augen.

Es ist das von Ostern bereits durchleuchtete Kreuz! Es sind die wenigen, aber wichtigen kleinen Unterschiede, die das ausmachen: Das Kreuz Jesu in der Mitte – natürlich, aber hier besonders betont: mitten inne!

Dem Christus, dem gebührt der Ehrenplatz, die Königsstelle!

Die Überschrift in drei Sprachen: alle Welt geht es an! Jenes im Dialog zwischen Pilatus und den Hohenpriestern festgeschriebene „König der Juden!“ wird zum Bekenntnis zu dem Königtum Jesu!

Das Bild zeigt Frauen und Soldaten – genau den Kontrast, den das Evangelium nach Johannes besonders betont. Unterstützt von Schriftzitaten!

Trauer und Würfel-Spiel – Welch ein Kontrast! Die Zitate belegen: da regiert nicht der Zufall, sondern es ist alles vorherbestimmt und im Ratschluss Gottes vor langer Zeit festgelegt.

Und dann die neue Gemeinschaft: Mutter und Lieblingsjünger. Es wird Abschied genommen – und doch wird selbst am Kreuz souverän Neues geschaffen. Auch im Johannesevangelium ist das Kreuz der Ort der Gottverlassenheit, deutlich im Ruf „Mich dürstet!“. Da werden deutlich die Tiefen menschlicher Gottverlassenheit beschrieben, gerade bei dem, der doch im Johannesevangelium als Quelle des Lebenswassers offenbar wurde. Am Ende heißt es dann: „Es ist vollbracht!“ – wirklich: Voll-Endung und Erfüllung!

Auf unserem Altarbild ist diese Vollendung dargestellt: Die Dornenkrone ist zum Lichtkranz geworden. Ostern leuchtet bereits durch, und der leidende Christus ist der siegende königliche Christus. Gott hat diesen Christus auch in aller Ferne nicht verlassen.

Auch bei Johannes ist das Kreuz der Ort der Gottverlassenheit, aber nicht endlos: auch im Verborgenen ist Gott anwesend. Zeichen dafür sind die Bibelworte, die in Erfüllung gehen; neues Leben ist da – trotz allem!
Unübersehbar und doch verborgen im Bild von der Kreuzigung - „zwischen den Zeilen" in Zeichen, Symbolen und Andeutungen im Evangelium nach Johannes!
Es gilt für den vorgelesenen Text „Wer Ohren hat zu hören, der höre" und für das Bild „Wer Augen hat zu sehen, der sehe!".
Was sehen, was hören wir?
Es gibt Leben größer, weiter, tiefer als der Tod! Wie ist dies zu erkennen, wie ist dies zu erfahren, wie wird dies deutlich?
Negativ: Pilatus und die Hohenpriester.
Ist es nicht manchmal ein Kreuz? Da sind die Sachzwänge, da sind Gesetze. Da darf man nicht das Gesicht verlieren. Da wird Macht ausgespielt. Wir erfahren Ohnmacht gegen die Mächte der Welt. Wann wird „erlitten", wann soll man „geschehen lassen"?
Sie nahmen ihn aber, und er trug sein Kreuz und ging hinaus zur Stätte, die da heißt Schädelstätte, welche heißt auf hebräisch Golgatha. Allda kreuzigten sie ihn und mit ihm zwei andere zu beiden Seiten, Jesus aber mitten inne. Pilatus aber schrieb eine Überschrift und setzte sie auf das Kreuz; und war geschrieben: Jesus von Nazareth, der Juden König. Diese Überschrift lasen viele Juden, denn die Stätte, da Jesus gekreuzigt ward, lag nahe der Stadt. Und es war geschrieben in hebräischer, lateinischer und griechischer Sprache. Da sprachen die Hohenpriester der Juden zu Pilatus: Schreibe nicht: Der Juden König, sondern dass er gesagt habe: Ich bin der Juden König. Pilatus antwortete: Was ich geschrieben habe, das habe ich geschrieben.
Die Kriegsknechte aber, da sie Jesus gekreuzigt hatten, nahmen sie seine Kleider und machten vier Teile, einem jeglichen Kriegsknecht einen Teil, dazu auch den Rock. Der Rock aber war ungenäht, von obenan gewebt durch und durch. Da sprachen sie untereinander: Lasset uns den nicht zerteilen, sondern darum losen, wes er sein soll, - auf dass erfüllt würde die Schrift (Ps. 22,19): „Sie haben meine Kleider unter sich

geteilt und haben über meinen Rock das Los geworfen." Solches taten die Kriegsknechte.

Positiv: Jesus Christus.

Das Kreuz tragen, es bewusst auf sich nehmen. Bei der Sache bleiben: das Wohl der Seinen im Blick haben und neue Gemeinschaft stiften. Auch am Kreuz noch, ausgeliefert, hat er eine Botschaft für die ihm anvertrauten Menschen: Siehe, das ist dein Sohn, siehe, das ist deine Mutter. Noch im Tod werden Erfahrungen des Lebens gemacht.

Es stand aber bei dem Kreuze Jesu seine Mutter und seiner Mutter Schwester, Maria, des Kleopas Frau, und Maria Magdalena. Da nun Jesus seine Mutter sah und den Jünger dabeistehen, den er lieb hatte, spricht er zu seiner Mutter: „Weib, siehe das ist dein Sohn!" Danach spricht er zu dem Jünger: „Siehe, das ist deine Mutter!" Und von der Stunde an nahm sie der Jünger zu sich.

Danach, da Jesus wusste, dass schon alles vollbracht war, auf dass die Schrift erfüllt würde, spricht er: „Mich dürstet!" Da stand ein Gefäß voll Essig. Sie aber füllten einen Schwamm mit Essig und steckten ihn auf einen Ysop und hielten es ihm dar zum Munde. Da nun Jesus den Essig genommen hatte, sprach er: „Es ist vollbracht!" und neigte das Haupt und verschied.

Für uns:

Noch im Tod wird Leben verändert.

Das ist Grund zur Hoffnung: Es ist nicht alles aus, sondern es gibt Leben, das größer ist als der Tod. Sterbende und Hinterbliebene machen diese Erfahrungen: der Tod wird ins Leben eingeordnet. Er ist nicht etwas Fremdes, sondern gehört zum Leben. Die Aufgabe ist, den Tod zum Leben gehörig bewusst zu machen. Die Trauer des Abschieds ist nicht endgültig!

Da ist ein Korn der Hoffnung, der Liebe, die loslässt und doch festhält. Was hier im Leben als Bestand erfahren wird, reicht über den Tod hinaus. Nicht der Tod ist am Ende gültig (end-gültig), sondern das erfüllte Leben. Es ist erfüllt an Jahren und Erfahrungen, an Zusagen und Zuwendungen. Es reicht über sich selbst hinaus in eine andere größere Wirklichkeit, die uns verborgen ist und doch schon hier im Glauben präsent und greifbar ist: Leben, das sich erfüllt hat und eine neue Dimension eröffnet. Leben, das sich in die Ewigkeit erstreckt: Hier ist unser Heil gegenwärtig in Kreuz und Tod.

Das Evangelium nach Johannes und das Altarbild machen in eindrücklicher Weise deutlich: der Tod hat nicht das letzte Wort, sondern das Leben. Hier wird es deutlich: *„Dein Kampf ist unser Sieg, dein Tod ist unser Leben."* Wo dies ganz tief und von Grund auf erfahren wird, wächst aus dem Kreuz neues Leben, bleibt es kein totes Holz, schon gar kein Zeichen des Todes. [1]

Diese Erfahrung setzt voraus: Wir sehen über alles vordergründige Geschehen hinaus in den Sinn dieses Leidens und Sterbens. Wir sehen nicht nur das Ende: Die Würfel, die über die Kleider entscheiden, sondern auf das Neue unter dem Kreuz: Leben, das neu weitergeht und nicht am Ende ist, sondern einen neuen Anfang nimmt, unerwartet, überraschend und doch als Bestätigung des Lebens, der Erfahrungen, der Zeichen des Lebens. Ob wir es begreifen können so, wie die Menschen unter dem Kreuz es be-greifen, wie die Frau dort es be-greift?

****

<u>Nachwort zur Predigt: Lebenszeichen</u>

„Dein Kampf ist unser Sieg, dein Tod ist unser Leben; in deinen Banden ist die Freiheit uns gegeben. Dein Kreuz ist unser Trost, die Wunden unser Heil, dein Blut das Lösegeld, der armen Sünder Teil."

Die dritte Strophe des Liedes EG 87 „*Du großer Schmerzensmann*" fasst das Evangelium, die Frohe Botschaft vom Sieg des Lebens über den Tod, bereits in der Passionszeit zusammen. Ostern ist es deutlich sichtbar: das neue Leben, das größer und stärker ist als der Tod. Doch für die Gläubigen ist es bereits in aller Mühsal des Lebens und sogar im Sterben und im Tod präsent: LEBEN ist größer und stärker als der Tod. Es besiegt alle Todesnacht.

1 Scherenschnitt von Ruth Singerhoff, S. 51

Wir haben uns diesen Sieg des Lebens über den Tod in unserer Gemeinde immer wieder vor Augen gestellt: in der traditionellen Ostermette auf dem Friedhof, in Zeichen und Symbolen, die wir vorgefunden haben oder die uns geschenkt wurden.

Krone und Stern sind Symbole unserer Kirchen: die Lohner Brautkrone und der Bad Sassendorfer Sälzerstern. Sie sind seit 1998, dem Jahr des 25-jährigen Bestehens der Gesamtgemeinde Lohne und Bad Sassendorf, zusammen mit dem Kirchturmkreuz im Siegel präsent.
Über die äußerliche lokal-traditionelle Bedeutung dieser Symbole hinaus sind Krone und Stern Zeichen des Glaubens. Bereits in der Heiligen Schrift Israels und dann im ersten Buch des Neuen Testaments: der Stern am Anfang des Evangeliums nach Matthäus und im letzten Buch die Krone des Lebens in der Offenbarung des Johannes. So sind Krone und Stern Zeichen des Lebens, der Hoffnung und der Zusage: *„Siehe, ich bin bei Euch alle Tage bis an der Welt Ende."*

Im Scherenschnitt Kreuz mit Rosenranke von Ruth Singerhoff ist uns dies präsent und immer vor Augen: Das Kreuz wird zur Stütze, zur Hilfe für neues Leben, das am Stamm des Kreuzes Halt findet und sich zum Himmel streckt. Sicherlich: Auch die Rose vergeht. Aber in ihrem Blühen schauen wir das neue Leben:

Leben stärker als der Tod!

Ein weiteres Zeichen der Hoffnung: das Facettenkreuz. Es ist das Zeichen der Aktion „Evangelisch aus gutem Grund", die in der Ev. Kirche Hessen-Nasssau (EKHN) begann und von anderen Landeskirchen und Gemeinden übernommen wurde.
Das Faszinierende daran: Die Einheit in der Vielfalt, das Kreuz im Kreuz als Urzelle, Zeichen des Todes, aus dem neues, vielfältiges Leben erwächst.
Man kann damit „spielen", in den acht Feldern Lebenszeichen gestalten – der Fantasie sind keine Grenzen gesetzt. Eine farbige Gestaltung macht das ganze noch lebendiger und schöner: *„evangelisch aus gutem grund*". Der Grund ist das Kreuz in der Mitte, das die acht Felder bilden. Es ist das Woher und Wohin des Glaubens. Es begründet die Einheit in der Vielfalt, wahrhaftig:

„Es sind viele Glieder, aber es ist ein Leib!" (1Kor 12)

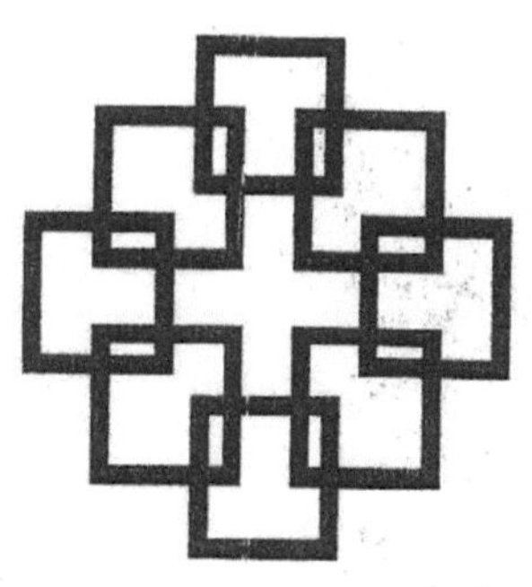

Predigt zur Jubiläumskonfirmation am 25.3.2007

Altstadt-Frühling heißt das Fest an diesem Wochenende in Soest. Faszinierend auf dem Hintergrund des Alten. Vergangenheit als Kulisse für das Neue, Gegenwärtige: Ein Fest des Lebens, das Vergangenheit und Gegenwart verbindet. Alte und Neue Zeiten bilden ein Gemälde. Und wir?

Wir feiern heute Jubiläumskonfirmation: Fest der Freude auf dem Hintergrund der erlebten Jahre und Jahrzehnte. Wir sind Wege gegangen, Lebens-Wege. Die Silber-Konfis kürzere, die Goldenen, Diamantenen und Eisernen doppelt so viele und mehr Jahre! Und doch ist alles sehr relativ.

Gegenüber den aktuellen Konfis unserer Gemeinde, die gestern ihren Vorstellungsgottesdienst gestalteten, sind Menschen, die ihre Konfirmation schon 25 Jahre hinter sich haben, ziemlich weit fortgeschritten, im wahrsten Sinne des Wortes. Vor 25 Jahren haben wir, liebe Silberkonfirmanden, dieses bedacht: Ihr bekamt jede und jeder seinen eigenen besonderen Wegweiser, Euren persönlichen Konfirmationsspruch, und alle gemeinsam je ein Kreuz. Ein Erinnerungsstück, aber auch eine Begleitung, mit der Hauptaussage „Gott ist Liebe!“ – im Kreuz sichtbar und handfest! Es weist den weg, Anfang, Mitte und Ende des Lebens – da, wo wir nicht weiterwissen. So habe ich es bei der Konfirmation 1982 gesagt.......... Eigentlich die pure Überforderung für die Konfis im Jugendalter von 14 Jahren, wenn ich das heute so lese. Damals war es der Wunsch für Euch: Ihr solltet die Konfirmation in guter Erinnerung behalten als Rahmen des Lebens, das von Gott getragen wird: „Was immer euch begegnet: Jesus ist der Herr unseres Lebens. Im Kreuz wird dies deutlich: Gott für uns!“ So war es durch Jahre und Jahrzehnte bei den Konfirmationen den Konfis aufgetragen worden: 1937 „Ich bin der Weg, die Wahrheit und das Leben; niemand kommt zum Vater denn durch mich.“ Nach dem Krieg 1947 das Wort, das Vergangenheit, Gegenwart und Zukunft verbindet: „Jesus Christus gestern und heute und derselbe auch in Ewigkeit!“ 1957 die Zusage aus Psalm 23: „Er führet mich auf rechter Straße um seines Namens willen.“

Immer geht es um Wegweisung für junge Menschen, die Orientierung brauchen, aber auch in späteren Lebenszeiten Wegweisung in bestimmten Situationen, gültig auch

noch im Alter, wenn die Kräfte nachlassen, wenn das Leben sich dem Ende zuneigt. In Schmerzen und Schwächen und doch begleitet von der Zusage der Liebe Gottes, die mit uns geht. Was unsere Konfis 2007 beschäftigt hat, besonders auch in der Konfi-Freizeit und im Vorstellungsgottesdienst „Geld oder Liebe?", ist die Frage nach dem Wesentlichen und Beständigen über alles Vordergründige hinaus. Es ist die Grundfrage des Lebens: Was trägt, was hält uns?
Lasst uns heute doch einfach die Konfirmationssprüche neu hören als wegweisendes Fundament unseres Lebens und doch auch als Zukunftsperspektive – eben Altstadt-Frühling in anderer Form: auf der Grundlage der Lebensgeschichte, des Weges mit Gott in guten und weniger guten Zeiten, wird das neue Leben sichtbar. Aus totem Holz wächst Neues! „Seht ihr es denn nicht?" ist die Frage in unserer Jahreslosung 2007 aus dem Trostbuch des Jesaja (Jes 43,19a).
Das Kreuz wird zum Zeichen des Lebens. Das achtteilige Facettenkreuz ist dafür ein besonders deutliches Zeichen. Da ist die Vielfalt des Lebens und des Glaubens: Facetten von Kirche, Gemeinde, von „Geschichte mit Gott". Diese Geschichte ist reichhaltig. In ihr erleben wir die Fülle des Lebens, wie es auch im achteckigen Sälzerstern deutlich ist: doppelt in alle Himmelsrichtungen, in allen Elementen von Himmel, Erde, Feuer und Wasser.
Haben wir diese Fülle erlebt in den Jahren nach der Konfirmation auf unserem Weg mit Gott, in seinem Schutz und auf ihn hin: Vergangenheit, Gegenwart und Zukunft zusammen, die Fülle des Lebens? Auch dann, wenn alles anders aussieht, so trostlos wie bei dem Menschen auf dem Lebensweg, der im Traum am Meer entlanggeht: „Wo warst du, Herr, in meinen schwersten Zeiten? Da fehlt doch die zweite Spur!" - Und der Herr antwortet: „Ich habe dich getragen!"
„Altstadt-Frühling" – das Verlässliche und Vertraute gibt Sicherheit und bringt Neues hervor. „Von guten Mächten wunderbar geborgen erwarten wir getrost, was kommen mag. Gott ist mit uns am Abend und am Morgen und ganz gewiss an jedem neuen Tag." Wir brauchen unsere Konfirmation, unsere Vergewisserung, immer wieder neu! Im Abendmahl erfahren wir Vergewisserung wie vor 25, 50, 60, 70 und noch mehr Jahren: „Ich möcht', dass einer mit mir geht". Amen.

Die Frohe Botschaft im Bild

Die beiden Predigten sind Beispiele, wie im kirchlichen Sakralbau Raum und Kunstgegenstände Hilfen und Zeichen des Glaubens sein können: *Herr, ich habe lieb die Stätte deines Hauses und den Ort, da deine Ehre wohnt.* (Ps 26,8). Im „Haus des Herrn“ Gottes Nähe erfahren. Auch Menschen, die dem kirchlichen Leben durchaus nicht sehr nahe stehen, sprechen von „unserer Kirche“.

Oft kommen auch mehrere Kirchen in einem Leben vor: da ist die Notkirche, in der man getauft wurde, die nach dem Krieg der konfessionellen Minderheit diente und irgendwann durch eine neue ersetzt wurde. Dann gab es durch Umzug die alte kleine Dorfkirche, nicht schön, weil sehr renovierungsbedürftig, der Ort der Konfirmation. Es gab im Gemeindevikariat die wunderschöne, reich mit Kunstschätzen ausgestattete Kirche Maria zur Höhe in Soest, die „Mutterkirche“ der Familie dreischiffiger Hallenkirchen im Umkreis, von denen zwei zu der Gemeinde gehörten, in der fast 40 Jahre der Pfarrdienst ausgeübt wurde. Hier fand vor allem der Gottes-Dienst statt, in der Tradition von Jahrhunderten – manchmal eine Hilfe, manchmal auch eine Last, weil der vorgegebene Raum die Form der Gottesdienste mitbestimmte. Aber immer wird der Gottesdienst gefeiert in jener langen Reihe von Glaubenszeugen des Kirchlichen Lebens. In beiden Kirchen gilt: *„Lasset uns... aufsehen auf Jesus, den Anfänger und Vollender des Glaubens.“* (Hebr 12,2).

Im Altarfenster mit dem Stammbaum Jesu genauso wie im Altarbild mit dem gekreuzigten Christus, der im Kreuzestod offensichtlich den Tod überwindet.

Was die zum Gottesdienst versammelte Gemeinde in diesen Kirchen vor Augen hat, ist bereits das *„Ganze Evangelium unseres Herrn Jesus Christus“,* die Frohe Botschaft und die Gute Nachricht schlechthin auf der Grundlage der ganzen Heiligen Schrift Alten und Neuen Testaments für alle Zeiten, Jahr um Jahr, von Generation zu Generation weitergegeben, gehört, geglaubt, gebetet und gelebt.

Es ist gut, dass die Frohe Botschaft allen zugänglich ist, nicht nur zu den Gottesdienstzeiten. Die Offenen Kirchen laden zu jeder Zeit ein zur Stille, zum Gebet, zur Kontemplation und zu der Erfahrung: *Nichts „kann uns scheiden von der Liebe Gottes, die in Jesus Christus ist, unsrem Herrn.“* (Röm 8, 39).

Blicken wir dazu noch einmal auf das Altarbild, besonders auf die Person, die da ja historisch gar nicht hingehört: Conrad Draudius, von 1642 bis 1660 Pfarrer in Bad Sassendorf und Lohne. Von ihm existiert auch noch ein ca. 1 m x 2,20 m großes Bild, das in der Kirche gelagert wird – ohne festen Standort.

Er hatte also keine Scheu, sich portraitieren zu lassen. Warum aber ließ er sich mit Maria, Johannes und Maria Magdalena unter dem Kreuz verewigen? Alle anderen Personen auf dem Bild gehören zu den „üblichen", von denen auch im Evangelium berichtet wird. War es Frömmigkeit oder Geltungsbedürfnis? - Eine offene Frage.

Zu beachten ist sicherlich, dass es im 16. und 17. Jahrhundert durchaus Beispiele gibt, bei denen die Künstler Zeitgenossen unter das Kreuz stellen. Besonders interessant ist das Cranach-Bild in der Herderkirche zu Weimar. Der dortige heutige Pfarrer Thomas Geßner nennt es ein „Aussichtsfenster in die Seele der Menschen vor 500 Jahren. Ich sehe, worauf sie hofften, wovor sie sich fürchteten und was sie liebten. Ich sehe auch, was Lucas Cranach für ein Schlitzohr war, mit welchen Mitteln der nahezu Achtzigjährige ein perfektes Propagandabild für die Ideen der Reformatoren schuf..." [1] Lukas Cranach der Ältere ist vor Vollendung des Bildes verstorben. Sein Sohn Lucas hat es vollendet und zwischen Johannes und Martin Luther seinen verstorbenen Vater hineingemalt. Thomas Geßner schreibt dazu: „Wie Christus mir den Raum der Gnade öffnet, zeigt der dritte Mann zwischen Johannes und Martin Luther ... Lucas Cranach der Ältere. Ein reicher Mann, in der ganzen Pracht seines Alters. Er faltet demütig die Hände und sieht mich durchdringend an. ... Dieses Bild öffnet nicht nur den Blick in die Seele von Menschen vor 500 Jahren. Es öffnet den Blick in meine Seele, es öffnet den Blick in den Raum der Gnade, in das Geheimnis von Tod und Auferstehung, Vertrauen und Wandlung".

Könnte es bei Conrad Draudius nicht ähnlich sein: bekleidet mit dem schwarzen Talar und mit der Bibel in der Hand? Ein Zeuge von Tod und Auferstehung, ein Zeuge des Leidens Christi und der verheißenen Herrlichkeit für alle, die das Wort Gottes hören und bewahren und selbst zu Zeugen werden vom Leiden, Sterben und Auferstehen des Herrn Jesus Christus, wie es die Bibel bezeugt?

1 Thomas Geßner, Christus am Kreuz, Sonntagsblatt, Ausgabe 14/2010 vom 4.4.2010

Nachwort

Herr, ich habe lieb die Stätte deines Hauses
und den Ort, da deine Ehre wohnt.
Psalm 26,8

Die Kirche steht mitten im Dorf – seit Jahrhunderten. Lange Zeit war sie auch der Lebensmittelpunkt für die Menschen in den Häusern rundum: Taufe, Konfirmation, Hochzeit, Bestattung auf dem Kirchhof direkt an der Kirche.
Das alles ist nicht mehr so wie früher. Das Dorfleben hat sich verändert und verändert sich weiter. Aber die Kirche steht immer noch mitten im Dorf, hat Kriege und Stürme überstanden, blieb ein Wahr-Zeichen des Glaubens, des Gebets, der Stille.
Irgendwo und irgendwann hat wohl jede Person ihr Kirchen-Erlebnis – positiv oder negativ. Trotz Distanz zu den gottesdienstlichen Feiern und Gebräuchen – es bleibt doch für viele Menschen „meine Kirche". Bei Jubiläumsfeiern von Trauungen und Konfirmationen spielt das eine große Rolle: natürlich in „meiner" Kirche.
Das wissen besonders die zu schätzen, die zwangsweise die Heimatkirche - und alles, was dazugehört - lange entbehren mussten. Viele haben das in den Zeiten des Krieges erfahren. So haben es ältere Gemeindeglieder eindrucksvoll aus eigener Erfahrung erzählt:
„Zu Fuß bin ich die letzten Kilometer gelaufen, quer durchs Sauerland. Auf der Haar habe ich den Sassendorfer Kirchturm erblickt. Ich bin auf die Knie gefallen und habe vor Freude geweint: Danke, Gott, danke!"
„An Heiligabend kam ich aus der Gefangenschaft und habe mich hinten in die Kirche geschlichen. Das werde ich nie vergessen: ein Stück Himmel auf Erden!"
Die Soldaten erhielten im Krieg Post vom damaligen Heimatpastor Johannsen: Eine Postkarte mit der weihnachtlich geschmückten Kirche. Mir wurde diese Karte von einigen Gemeindegliedern noch viele Jahre danach gezeigt. So wichtig war ihnen dieser Gruß aus der Heimatkirche zu Weihnachten im Krieg gewesen.

Weihnachtsgruß per Feldpost: Ev. Kirche Bad Sassendorf mit Weihnachtsbaum

Literatur- und Bildnachweis

Bibelstellen auf S. 7-10:
Die Heilige Schrift des Alten und Neuen Testaments
Zürcher Bibel, hg. vom Kirchenrat des Kantons Zürich
Stuttgart o.J.

Bibelstellen im übrigen Text:
Die Bibel oder die ganze Heilige Schrift des Alten und Neuen Testaments nach der deutschen Übersetzung Martin Luthers
Stuttgart 1966

Kirchenlieder:
Evangelisches Gesangbuch
Gütersloh 1996

Detlev Block
In deinen Schutz genommen
Geistliche Lieder, 2., durchgesehene und erweiterte Auflage
Göttingen 1980

Hubertus Schwartz
Die Kirchen der Soester Börde, Soest 1961

(Schwartz)

Der Seele Raum geben.
Texte zum Sachthema der 1. Tagung der 10. Synode der EKD,
22.-25. Mai 2003 in Leipzig
Hannover 2003

(Rinke)

Birgit Neumann-Becker
Die Bedeutung der Gastfreundschaft aus der Sicht der Kirche
Referat zum Kongress „Offene Kirchen“ am 10.2.2007 in Hamburg
(Neumann-Becker)

Albert Ludorf
Die Bau- und Kunstdenkmäler des Kreises Soest
Münster 1905
(Ludorf)

Klaus Saeger
Ev. Kirche Bad Sassendorf Ev. Kirche Lohne
Schnell, Kunstführer Nr. 1619 (von 1987) 2., überarbeitete Auflage 1998
Verlag Schnell und Steiner GmbH Regensburg
(Dort finden sich weitere Literaturhinweise.)

Quellen im Internet:
www.visitation.kirchenkreis-soest.de
www.ekvw.de
www.deutschland-im-mittelalter.de
www.geschichtsverein-soest.de
www.sonntagsblatt-bayern.de

Die Bilder auf den Seiten 23, 26 und 30 wurden mit freundlicher Genehmigung durch den Verlag Schnell & Steiner zur Verfügung gestellt.
Die übrigen Fotos wurden vom Verfasser selbst im Rahmen seiner Möglichkeiten im Jahr 1999 gefertigt. Sie genügen nicht den Ansprüchen professioneller Fotografie, vermitteln jedoch wohl gerade dadurch eine besondere Atmosphäre. Leider konnten sie hier nur in schwarz-weiß wiedergegeben werden. Fotostudio und Druckerei vor Ort haben sich große Mühe gegeben, die Farbfotografien in Schwarz-Weiß-Bilder umzuwandeln.

Die Zeichnung der Kirche Sst. Simon und Judas Thaddaeus von Hans Seifert (1916-2008) auf S. 18 und der Scherenschnitt „Neues Leben aus dem Kreuz“ von Ruth Singerhoff (1920-1995) wurden dem Verfasser seinerzeit persönlich von Ruth Singerhoff und Hans Seifert im Original überlassen.

Ruth Singerhoff, geb. Nelius, war bis zu ihrem Tod im Oktober 1995 engagiert in der Ev. Kirchengemeinde Lohne und nach 1973 in der Gesamtkirchengemeinde Bad Sassendorf als Chorleiterin und Presbyterin tätig. Sehr gern übernahm Ruth Singerhoff die Gestaltung des Gemeindebriefs „verbunden sein“ und prägte diesen bereichernd durch ihre vielfältigen Scherenschnitte. Sie dienten nicht nur zur Ausschmückung, sondern brachten auch die Frohe Botschaft in besonderer Weise zum Ausdruck, insbesondere auch jene Botschaft vom neuen Leben aus dem Kreuzestod heraus. Durch Vervielfältigungen auf Postkarten und in Todesanzeigen ging diese Botschaft der Scherenschnitte weit über den Kreis der Gemeinde hinaus „in die Welt“.

Hans Seifert wurde 1916 in Sachsen geboren, lebte bis Ende 1987 in Rietberg und verbrachte seinen Lebensabend in Bad Sassendorf und die letzten Jahre in Soest. Ähnlich wie Ruth Singerhoff entwickelte sich der Zeichner und Maler Hans Seifert durch Selbststudium und Lebenserfahrung zum perfekten Autodidakten.
Seine Federzeichnungen führen dem Betrachter die Schönheiten Westfalens vor Augen, insbesondere auch die Gebäude und Anlagen in Bad Sassendorf. So hat Hans Seifert auch die Ev. Kirche des Badeorts in ihrer besonderen Form vor der Turm- und Dachreparatur in seiner Zeichnung festgehalten. Hier war es ihm vergönnt, mit seiner Ehefrau Gertrud im Kreis der vielen Kinder und Kindeskinder die ihnen vergönnten Ehe-Jubiläen zu feiern. Zuletzt wohnten die Eheleute Seifert in der Soester Thomä-Residenz und wurden auf dem Osthofen-Friedhof in Soest 2006 und 2008 bestattet.

Printed by Books on Demand GmbH, Norderstedt / Germany